MANUAL PRÁCTICO SOBRE GÉNERO Y SEXUALIDAD

Manual práctico sobre género y sexualidad

es.Ligonier.org

Publicado originalmente en inglés con el título
A Field Guide on Gender and Sexuality

421 Ligonier Court, Sanford, FL, 32771
Ligonier.org

Impreso en China
RR Donnelley
0000725
Primera edición

ISBN 9781642897241 (Paperback)
ISBN 9781642897258 (ePub)

Diseño de portada e interior: Ligonier Creative

MANUAL PRÁCTICO SOBRE GÉNERO Y SEXUALIDAD

CONTENIDO

I. SER HUMANO

II. HOMOSEXUALIDAD Y TRANSGENERISMO

III. EVENTOS Y RELACIONES

IV. EL EVANGELIO Y EL AMOR

I.

SER HUMANO

■ ■ ■

EN EL MUNDO hay confusión respecto al sexo, el género y la identidad. No obstante, los cristianos tienen una base sólida para comprender estos temas, pues la Biblia afirma que Dios nos creó a imagen Suya (Gn 1:26). Con la Escritura como fundamento, esta parte responde a preguntas relacionadas con el significado de ser humano.

SER HUMANO

RESPUESTA A LAS PREGUNTAS

¿Qué significa haber sido creados a imagen de Dios?

Haber sido creados a imagen de Dios significa que los seres humanos reflejan la gloria, el carácter y el gobierno de Dios de una manera que no lo hacen las demás criaturas. Por lo tanto, como seres humanos tenemos una mayor dignidad que ellas. La Escritura menciona por primera vez a los seres humanos en Génesis 1, y explica que Dios creó a la humanidad a Su imagen, tanto al varón como a la hembra (v. 27). El contexto histórico general del Libro de Génesis y los mandamientos específicos que se dan en Génesis 1:26-28 nos ofrecen la información más relevante para entender lo que significa ser portadores de la imagen de Dios.

Los primeros lectores del Libro de Génesis estaban familiarizados con las imágenes de los reyes de los imperios paganos circundantes. Se trataba de estatuas y otras representaciones físicas del rey, que a menudo era visto como un dios y como una imagen de los dioses paganos. Estas estatuas se colocaban por todo el imperio para resaltar la figura del rey y recordarle al pueblo quién estaba realmente en control (p. ej., Dn 3:1-7). En vista de este contexto, que los seres humanos sean imágenes físicas del único Dios verdadero, indica que parte del significado de portar la imagen de Dios es mostrarle a la creación que Él es Rey y debemos servirlo. Además, el hecho de que la Escritura considere a todas las personas como portadoras de la imagen de Dios, y no solo al rey, como en los imperios paganos, muestra que todo individuo tiene un valor y una dignidad inherentes, pues todos reflejan a Dios. Sin embargo, el pecado ha dañado esta imagen, por lo que no reflejamos a Dios como deberíamos, aunque la imagen no se ha perdido por completo.

"

DIOS CREÓ AL HOMBRE A IMAGEN SUYA, A IMAGEN DE DIOS LO CREÓ; VARÓN Y HEMBRA LOS CREÓ.

GÉNESIS 1:27

Al leer Génesis 1:26-28, vemos que cuando Dios creó al hombre y a la mujer a imagen Suya, también les dio la orden de ser fecundos, de multiplicarse y de ejercer dominio sobre la creación. El contexto del libro nos ayuda a comprender que ser la imagen de Dios significa crear vida y ejercer dominio sobre el orden creado. Puesto que debemos llevar a las personas hacia Dios, esto implica reinar sobre la creación como Dios querría que reináramos y ejerciéramos dominio. Somos vicerregentes, reyes y reinas menores que deben gobernar la creación sometiéndose a la voluntad revelada del Gran Rey, el Señor Dios Todopoderoso.

Génesis 2 nos explica que cuando Dios creó a las primeras personas, Adán y Eva, las colocó en un huerto y les encomendó que lo cultivaran y lo cuidaran. El huerto del Edén era un espacio ordenado con límites definidos, y no podía albergar a muchas personas. Por lo tanto, a medida que Adán y Eva tuvieran hijos, algunos tendrían que mudarse fuera del huerto, pues no habría suficiente espacio. En consecuencia, la encomienda de cuidar el huerto y llevar a las personas hacia Dios significa que Él creó a los seres humanos para extender el orden del Edén al resto del mundo. Al ejercer dominio, debemos lograr que la creación sea todavía más ordenada y fructífera y que, de este modo, sea un mejor reflejo de la gloria de Dios.

De estos mandamientos iniciales, podemos extraer ciertas conclusiones sobre lo que significa ser portadores de la imagen de Dios. Ejercer dominio y gobernar sabiamente sobre los recursos de Dios requiere usar la razón y entablar relaciones con los demás portadores de la imagen, pues el dominio es una tarea que deben compartir todas las personas. Por lo tanto, que Dios nos creara a imagen Suya significa que tenemos voluntad y mente, que podemos pensar y que somos seres relacionales con la capacidad de amar a los demás. El lenguaje de guardar y cuidar el Edén en Génesis 2:15 se utiliza también para referirse a los sacerdotes de Israel en Números 1:53. Esto nos indica que ser portadores de la imagen de Dios tiene una dimensión religiosa; ser portadores de Su imagen es adorar y servir al Creador.

Es importante señalar que la caída en el pecado ha dañado nuestra capacidad de portar la imagen de Dios como deberíamos, aunque no la ha destruido por completo. La Escritura expresa que, después de esta caída, el ser humano sigue estando hecho «a la imagen de Dios» (Stg 3:9). Puesto que reflejamos a Aquel que tiene la mayor dignidad y el mayor valor, a Dios mismo, los seres humanos tenemos más dignidad y valor que el resto de la creación (Sal 8:1-9). Si bien nuestro pensamiento, afectos, cuerpo y todo lo demás acerca de nosotros se ven afectados por el pecado, todavía es posible ver la imagen de Dios en cada persona, aunque de forma imperfecta. Por ende, para conocer plenamente lo que significa haber sido creados a imagen de Dios, debemos mirar al Señor Jesucristo, «que es la imagen de Dios» (2 Co 4:4). Solo Él ha vivido una vida que representa perfectamente a Dios, y a medida que nos conformamos a Él mediante la gracia y la obra del Espíritu Santo, reflejamos cada vez mejor a Dios como portadores de Su imagen (2 Co 3:17-18).

¿Cuál es la función del sexo?

El sexo es el medio creado por Dios mediante el cual un hombre y una mujer, unidos por un pacto matrimonial, pueden tener descendencia y disfrutar juntos de una intimidad relacional y física exclusiva. Dios creó el sexo, como

"

DIOS LOS BENDIJO Y LES DIJO: «SEAN FECUNDOS Y MULTIPLÍQUENSE. LLENEN LA TIERRA Y SOMÉTANLA».

GÉNESIS 1:28

se expresa en Génesis 2:21-25, para llevar a cabo el mandato creacional que aparece en Génesis 1:28: «Sean fecundos y multiplíquense. Llenen la tierra y sométanla». Esta orden la dio Dios al hombre y a la mujer, a quienes creó a Su imagen como complementos físicos y relacionales el uno del otro. Marido y mujer cumplirían este mandato al unirse en un vínculo matrimonial que implica relaciones sexuales, a través de las cuales el espermatozoide fecunda el óvulo para formar un embrión humano. Así, el reino de Dios se expande mediante la creación de más portadores de Su imagen. El sexo también tiene otro propósito importante. Dios lo creó para que el marido y la mujer disfrutaran el uno del otro y para que se cumplieran dentro del pacto matrimonial los anhelos relacionales y sexuales con los que Él los creó (ver Gn 2:23).

Esta doble finalidad del sexo pone de relieve la bondad del diseño de Dios y nos ayuda a identificar las concepciones erróneas y los usos inadecuados del don del sexo; este no tiene el propósito de ser un medio de autoexpresión ni de autogratificación (1 Co 7:3-4). Puesto que Dios creó el sexo, es Él quien establece sus reglas y sus límites. Dios no aprueba el sexo en todos los contextos, ni aprueba todos los actos sexuales. Según la Biblia, el único contexto en el que el sexo está permitido es en la unión pactual entre un hombre y una mujer, que debe ser exclusiva y para toda la vida (Mr 10:6-9; He 13:4). Desde el principio, el límite de un solo hombre y una sola mujer está implícito en la creación de una sola mujer para Adán (Mt 19:4-6). Dios no creó cinco esposas para Adán, sino solo una. Dios no creó otro hombre para Adán, sino una mujer. Además, la biología de Adán y la de Eva son compatibles. Desde sus cromosomas hasta la forma de sus órganos reproductores, hay un diseño armonioso que Dios ha plasmado en la creación de los dos sexos con el propósito de que marido y mujer se complementen. Dios creó a Eva a partir de Adán, con la misma dignidad, y la hizo perfectamente adecuada para ser su contraparte, de modo que juntos pudieran encontrar satisfacción para sus deseos relacionales y físicos (Gn 2:18). Por ello, Eva correspondía de manera perfecta a Adán y se le concedió el privilegio especial de ser la ayuda que él necesitaba para cumplir el mandato de Dios de ser fecundos, multiplicarse y someter la creación.

"

HUYAN DE LA FORNICACIÓN. TODOS LOS DEMÁS PECADOS QUE UN HOMBRE COMETE ESTÁN FUERA DEL CUERPO, PERO EL FORNICARIO PECA CONTRA SU PROPIO CUERPO.

1 CORINTIOS 6:18

Como todas las cosas que Dios ha creado, el sexo tiene el propósito fundamental de darle a Él la gloria, y el uso adecuado de este don es para glorificar y gozar de Dios. En consecuencia, cuando los seres humanos usan el sexo de manera incorrecta, desagradan a Dios y socavan los propósitos para los que Él lo creó. La inmoralidad sexual también tiene graves consecuencias porque el acto sexual une al hombre y a la mujer de forma física y relacional. Es por eso que el apóstol Pablo escribe: «¿O no saben que el que se une a una ramera es un cuerpo con ella? Porque Él dice: "Los dos vendrán a ser una sola carne". Pero el que se une al Señor, es un espíritu con Él. Huyan de la fornicación. Todos los demás pecados que un hombre comete están fuera del cuerpo, pero el fornicario peca contra su propio cuerpo» (1 Co 6:16-18). El Libro de Hebreos afirma que el lecho matrimonial debe ser sin deshonra (He 13:4). Por definición, un encuentro sexual no matrimonial (es decir, «el lecho») es deshonroso. La actividad sexual entre personas no casadas, incluso la que no incluye el coito, es fruto de la lujuria. Tal actividad es pecaminosa y a menudo conduce a una inmoralidad sexual incluso peor. Todas y cada una de las perversiones del don del sexo, que incluyen (aunque no se limitan a) la pornografía, la actividad homosexual, el sexo extramarital, el bestialismo, la pedofilia, las orgías y la promiscuidad, son prácticas pecaminosas y usos indebidos del propósito original de Dios con el sexo. No obstante, la ética sexual cristiana bíblica nos indica que el sexo es bueno cuando se experimenta dentro del contexto apropiado del matrimonio, pues Dios lo creó para la procreación y el disfrute mutuo del marido y la mujer.

¿Creamos nuestra propia identidad?

Sí y no. Nuestra identidad se relaciona con las características que conforman lo que somos. En algunos aspectos, creamos nuestra propia identidad, y en otros no. La creamos en el sentido de que es posible elegir algunas cosas relacionadas con lo que somos. Muchas de estas elecciones tienen que ver con asuntos secundarios en los que Dios nos da mucha libertad. Por ejemplo, alguien puede estudiar para ser electricista y, al iniciar su trabajo en ese campo, identificarse como tal. Lo mismo puede decirse de una persona que prefiere un determinado equipo deportivo y decide identificarse como hincha de ese equipo; o alguien a quien le gusta coleccionar estampillas y elige identificarse como coleccionista de estampillas.

Por otro lado, hay otras identidades que no elegimos, sino que nos son dadas. Estas suelen ser las características más primarias de lo que somos. Por ejemplo, nadie elige dónde nace. Si alguien nació en Estados Unidos, puede tratar de ocultar su lugar de nacimiento (por la razón que sea), pero no puede escapar de la realidad de haber nacido allí. Lo mismo ocurre con la familia en la que nacimos y con la realidad de haber nacido niño o niña. Podemos optar por ocultar, suprimir o ignorar la verdad de estas identidades primarias y no elegidas, pero siguen siendo ciertas porque son la realidad objetiva.

La identidad es un tema complejo, y la vida a menudo implica una mezcla de características elegidas y no elegidas. Por ejemplo, hay aspectos de la raza y de la personalidad que no se eligen, aunque podemos decidir identificarnos con ellos en mayor o menor medida. Una persona que es descendiente de españoles, por ejemplo, puede elegir identificarse con la cultura española en función de su personalidad y del contexto; o alguien que tiene una mente analítica por naturaleza puede decidir desarrollar ese talento e identificarse como una persona analítica, y convertirse quizás en matemático. Sin embargo, es importante recordar que, a fin de cuentas, nuestra identidad incluye tanto aspectos elegidos como no elegidos. Es decir, en parte creamos y en parte no creamos nuestra identidad. Con respecto al género, no lo elegimos nosotros; lo hace Dios, pues Él nos creó.

Para los cristianos, nuestra identidad más profunda y primordial se relaciona con estar *en Cristo*. Pablo afirma que ya no vivimos nosotros, sino que es Cristo quien vive en nosotros (Gá 2:20), y resalta su unión con Cristo para que los cristianos comprendan que su identidad como cristianos es su identidad primaria (Ro 6:5-11). Puesto que estar en Cristo es nuestra identidad primordial, los cristianos debemos esforzarnos por comprender lo que esto significa.

¿Cómo sabemos que solo hay dos géneros? ¿Qué pasa con las personas que nacen con características sexuales ambiguas en sus cuerpos?

Sabemos que solo existen dos géneros, pues ese es el testimonio tanto de la revelación especial, la Biblia, como de la revelación general, es decir, las verdades que aprendemos sobre Dios y el mundo a partir del mundo creado. La existencia de personas cuyos cuerpos tienen características sexuales ambiguas no contradice la realidad de que solo existen dos géneros, sino que la confirma.

La primera y más importante forma de saber que solo hay dos géneros es a través de la Biblia. El relato de la creación afirma sin ambigüedades que Dios creó al ser humano «varón y hembra» (Gn 1:27), y Jesús reafirma esta verdad (Mt 19:4-6). La Biblia nunca habla de un tercer sexo, aunque sí menciona muchas veces a «hombres y mujeres» y a «hijos e hijas», y prohíbe prácticas que podrían difuminar esta distinción entre los sexos (p. ej., ver Dt 22:5).

Desde el punto de vista científico, solo existen dos géneros. En el caso de los humanos, al igual que en otros mamíferos, la reproducción depende del binarismo sexual: un macho y una hembra se unen para tener una cría, por lo que no hay lugar en la ecuación para un tercer sexo. El sexo binario forma parte de la constitución biológica de una persona, incluso a nivel genético. Un individuo tiene un cromosoma Y, y por lo tanto es macho, o no lo tiene, y por lo tanto es hembra; no hay ambigüedad. El binarismo se expresa con más claridad en la diferencia entre los órganos reproductores, pero también se manifiesta de otras formas que se han reconocido a lo largo de la historia y en las distintas culturas. Estas manifestaciones incluyen la diferencia en el tamaño medio y la fuerza, y las diferencias en las características sexuales secundarias como el vello corporal, la nuez de Adán y otros cambios que se producen con el inicio de la pubertad como resultado de las hormonas sexuales masculinas y femeninas.

En ocasiones, algunos individuos nacen con características sexuales ambiguas debido a una serie de afecciones extremadamente raras. Las personas afectadas, que a menudo se conocen como *intersexuales*, siguen manifestando un sexo concreto según sus cromosomas, aunque su cuerpo físico muestre características sexuales ambiguas. Por lo tanto, la *intersexualidad* no implica la existencia de otro sexo aparte del masculino y el femenino, y, por consiguiente, estas afecciones no anulan el binarismo sexual. Más bien, estas condiciones son una consecuencia de la caída, la cual afectó toda la creación (Ro 8:20). Que reconozcamos las afecciones intersexuales como aberraciones confirma la realidad del binarismo sexual. Las personas que padecen el trastorno de la intersexualidad están hechas a imagen de Dios, como todos los demás seres humanos, y merecen nuestras oraciones, compasión y apoyo. Sin embargo, su trastorno no puede llevarnos a negar el binarismo de masculino y femenino que Dios creó. Por ende, debemos exhortarlos a vivir según su sexo biológico en la medida de lo posible.

¿Qué debo pensar cuando alguien afirma ser de un género diferente al de su sexo biológico?

Cuando alguien afirma ser de un género diferente al de su sexo biológico, debemos recordar que el sexo biológico es una verdad objetiva que Dios ha revelado. Rechazar la verdad sobre cómo Dios nos ha creado es rechazar la sabiduría y la bondad de Dios y, por consiguiente, es rechazar a Dios mismo. Aquellos que lo hacen, aunque lo crean en verdad, están engañados y necesitan lo mismo que cualquier otro pecador: un corazón transformado por el Espíritu Santo (Jn 3:3-5; Tit 3:4-5).

Las personas que afirman ser de un género diferente al de su sexo biológico a menudo piensan que el desajuste entre su sexo biológico y el género con el que se identifican es resultado de algún tipo de error, ya sea casual o por parte de Dios. Entonces, como no pueden estar atados por lo que consideran un error, son libres de definirse a sí mismos como mejor les parezca. Este enfoque es fácil para los que rechazan la existencia de Dios, pues al no aceptarlo, niegan su responsabilidad ante Él y, por lo tanto, pueden hacer lo que les plazca. No obstante, en verdad no pueden negar la existencia de Dios, pues en el fondo saben que sí existe, y más bien deciden voluntariamente suprimir el conocimiento de la verdad para continuar con su propia lujuria (Ro 1:18-19, 24-25). Con respecto a su género, aquellos que sí reconocen la existencia de Dios responderán a ese conocimiento de una

"

MÁS ENGAÑOSO QUE TODO ES EL CORAZÓN, Y SIN REMEDIO; ¿QUIÉN LO COMPRENDERÁ?

JEREMÍAS 17:9

de dos maneras. Algunos tratarán de crear una versión de Dios según su propia imagen, y concluirán erróneamente que Él apoya sus intentos de cambiar de sexo como si estos fueran algo moralmente neutro, o incluso digno de alabanza. El profeta Isaías condena tales tergiversaciones morales cuando exclama: «Ay de los que llaman al mal bien y al bien mal» (Is 5:20). Otros reconocen que se rebelan contra Dios, pero deciden desafiarlo de todos modos.

Muchos de los que afirman ser de otro género en verdad lo creen. Sin embargo, tales creencias, aunque sean sinceras, son erróneas. Jeremías 17:9 nos habla de lo engañoso, lo retorcido y lo corrompido que es el corazón humano: «Más engañoso que todo es el corazón, y sin remedio; ¿Quién lo comprenderá?». Las personas que hacen tales afirmaciones están siendo engañadas y llevadas hacia el pecado y el error porque la brújula moral de su corazón les señala la dirección equivocada. Aunque los cristianos deben sentir gran compasión por sus semejantes (también portadores de la imagen de Dios) que se encuentran deformados por el pecado y el sufrimiento presentes en un mundo caído, nunca debemos pensar que Dios se ha equivocado en la forma en que nos creó a cada uno de nosotros, ni podemos concluir jamás que Dios ve con buenos ojos el rechazo de Su Palabra y Su voluntad.

Además, debemos recordar las palabras del apóstol Pablo a Tito: «Porque nosotros también en otro tiempo éramos necios, desobedientes, extraviados, esclavos de deleites y placeres diversos, viviendo en malicia y envidia, aborrecibles y odiándonos unos a otros» (Tit 3:3). Las personas que afirman ser de otro sexo se encuentran descarriadas, como nos sucedía a todos de diversas maneras antes de que Dios nos salvara. Por lo tanto, su única esperanza y la nuestra es la misericordia de Dios al regenerar nuestro corazón y darnos ojos para verlo a Él y a nosotros mismos como en verdad somos.

¿La cirugía de afirmación o confirmación de género realmente convierte a una persona en un sexo diferente?

No, la cirugía de afirmación o confirmación de género no hace que una persona tenga un sexo diferente. El sexo biológico es una realidad invariable que no puede cambiarse mediante una intervención quirúrgica u otros medios. En verdad, el sexo no puede modificarse porque no se pueden cambiar los cromosomas sexuales con los que nacemos. La cirugía plástica y las hormonas pueden introducir cambios cosméticos en el cuerpo y crear así una simulación de rasgos masculinos o femeninos, pero no pueden modificar la biología fundamental de una persona.

Algunos argumentan que estas intervenciones no cambian el sexo, sino que simplemente alteran las características externas del sexo para que coincidan con el sentido interno de género de la persona. Por ejemplo, un varón biológico podría decir que en realidad es mujer independientemente de las características sexuales que posea y, por lo tanto, las intervenciones como el tratamiento hormonal y la cirugía no cambian a la persona de varón a mujer, pues siempre fue mujer. Los defensores de estas intervenciones prefieren el término *afirmación o confirmación de género*. Este argumento es erróneo y debe rechazarse. La historia, la biología, la Escritura y el sentido común nos indican que solo hay dos sexos y que el sexo de una persona no puede cambiarse.

¿Existe alguna diferencia entre el sexo y el género de una persona?

La respuesta depende de cómo se utilicen los términos. Tradicionalmente, la palabra *sexo* se ha referido a la biología de un individuo. Es decir, si nace con genitales masculinos o femeninos y si tiene cromosomas X o Y. Sin embargo, la palabra *género* ha pasado a significar la manera en que alguien expresa o siente su sexo como masculino o femenino. El problema es que, sobre todo en los círculos académicos liberales, el sexo acabó por divorciarse totalmente del género, de modo que hoy es normal oír a personas hablar de ser una mujer transgénero (un hombre biológico que se identifica como mujer) o un hombre transgénero (una mujer biológica que se identifica como hombre). Por supuesto, las personas que se identifican como LGTBI, niegan que simplemente estén expresando o sintiendo algo e insisten en que su género va más allá, pues expresa quiénes son en verdad, sin importar su sexo biológico.

Los cristianos, por el contrario, creemos que nuestro sexo biológico es lo que somos, porque tanto la Escritura como el mundo creado atestiguan que Dios nos dio nuestra identidad sexual cuando nos creó físicamente como varón o hembra (Gn 1:27). Por lo tanto, nuestro sexo biológico *es* nuestro género. Eso no significa negar que los hombres y las mujeres expresan su masculinidad y feminidad de muchas maneras en las diversas culturas del mundo. Así lo vemos en la vestimenta, la forma de hablar, los rituales familiares, etc. Sin embargo, independientemente de nuestra cultura, es nuestra responsabilidad manejar nuestro cuerpo de acuerdo con su masculinidad o feminidad. La Palabra de Dios tiene mucho que decir sobre cómo debemos vivir, como hombre o mujer, en cualquier cultura (Pr 1; Col 3:18-25; Ef 5:22-33). No podemos redefinir la realidad simplemente al actuar de forma diferente, someternos a cirugías electivas o tomar hormonas que, en última instancia, no pueden alterar nuestros cromosomas ni la disposición natural de nuestro cuerpo.

II.

HOMOSEXUALIDAD Y TRANSGENERISMO

■ ■ ■

LA CRECIENTE y acelerada aceptación de los estilos de vida LGTBI hace cada vez más necesario que los cristianos estén preparados para dar una respuesta adecuada (1 P 3:15). Con la Biblia como fundamento, esta parte responde a preguntas relacionadas con la homosexualidad y el transgenerismo.

HOMOSEXUALIDAD Y TRANSGENERISMO

RESPUESTA A LAS PREGUNTAS

¿Es pecado la atracción hacia personas del mismo sexo?

Sí, la atracción hacia personas del mismo sexo es pecado. En el Sermón del monte, Jesús deja claro que el deseo de pecar es en sí mismo pecado. Por ejemplo, afirma que mirar a otra persona con lujuria es cometer adulterio, aunque el acto físico no es consumado (Mt 5:27-30). Por supuesto, cometer el acto es peor que tener solo el deseo, pero sentir el deseo ya es una trasgresión del séptimo mandamiento.

Además, muchos pasajes de la Escritura nos enseñan que las relaciones sexuales entre personas del mismo sexo son pecado, pues son contrarias al diseño natural de Dios para los seres humanos, el cual dispone que un hombre y una mujer se unan en matrimonio y participen de la relación sexual con el propósito de tener hijos y fortalecer la unión matrimonial (Gn 1 – 2). Las relaciones sexuales entre personas del mismo sexo no pueden cumplir estos propósitos. Además, otros pasajes como Romanos 1:26-27 y 1 Corintios 6:9-10 nos muestran que los actos sexuales entre personas del mismo sexo son perversos y darán lugar al juicio eterno de Dios si la persona que los realiza nunca se aparta de ellos ni confía en Cristo para su salvación. Al ser pecaminosa la actividad sexual entre personas del mismo sexo, y puesto que el deseo de pecado es en sí mismo pecado, entonces, la atracción por personas del mismo sexo y los deseos sexuales concomitantes hacia esas personas también son pecado.

Algunos han expresado que la atracción y los deseos sexuales por el mismo sexo deben provenir de Dios, pues Él es el Creador, y como Él no comete errores, estos deseos y atracciones deben ser buenos y, por lo tanto, deben manifestarse mediante actos físicos. Si bien es cierto que Dios es el Creador de todas las cosas, la Escritura afirma con claridad que de ninguna manera el pecado viene directamente de la mano de Dios. «Dios no puede ser tentado por el mal y Él mismo no tienta a nadie» (Stg 1:13). Ya que Dios es soberano y hace todas las cosas según Su voluntad (Ef 1:11), debemos decir que el Señor dispone que algunas personas experimenten atracción y deseos por el mismo sexo, pero lo hace de tal manera que Él mismo no proporciona esos deseos y no se le puede culpar por los deseos pecaminosos de las personas. Los deseos pecaminosos no son buenos en sí mismos, y provienen de nuestro propio corazón pecaminoso, no de Dios (Stg 1:14).

Sin embargo, a quienes confiamos en Él, Dios nos da la voluntad y el poder para luchar contra esos deseos pecaminosos mientras nos ocupamos en nuestra «salvación con temor y temblor» (Fil 2:12). Él nos da corazones nuevos que desean las cosas buenas que Él ha creado. También nos ha dado el Espíritu Santo para fortalecernos y la iglesia para ayudarnos mientras buscamos conformarnos cada vez más a la imagen de Dios en Cristo. Dios permite que experimentemos deseos pecaminosos, sin ser Él quien nos los da directamente; y permite que esto ocurra para que podamos

"

DIOS NO PUEDE SER TENTADO POR EL MAL Y ÉL MISMO NO TIENTA A NADIE.

SANTIAGO 1:13

oponernos a esos deseos, por Su Espíritu, lo cual redundará, en última instancia, en nuestro bien y Su gloria (Ro 8:28).

¿Cuál es la diferencia entre la atracción hacia personas del mismo sexo y el comportamiento homosexual?

La atracción hacia personas del mismo sexo es el deseo interno de mantener una relación sexual con otra persona del mismo sexo, mientras que el comportamiento homosexual consiste en actos sexuales físicos entre dos o más personas del mismo sexo. El deseo de tener un comportamiento homosexual puede surgir de una tentación interna o externa, deseo que es pecaminoso en sí, pero el pecado se agrava cuando la persona sucumbe a la tentación y el deseo se manifiesta en actos físicos (Stg 1:14-15).

Los seres humanos experimentan tentaciones tanto externas como internas. Una tentación externa ocurre cuando algo pecaminoso fuera de nuestro corazón y nuestra mente se presenta como una opción para que nos involucremos. Nuestro corazón puede responder a esa tentación externa y desear el pecado, o puede encontrarla poco atractiva, o puede rechazarla inmediatamente y no desearla nunca. Un ejemplo de tentación externa sería cuando el diablo tentó a Jesús y le ofreció la opción de tener el dominio sobre todos los reinos del mundo si lo adoraba, pero Jesús lo rechazó, pues nunca deseó adorar a Satanás de ninguna manera (Mt 4:8-10). Otro ejemplo de tentación externa sería que un amigo te pidiera que lo acompañaras a robar un automóvil cuando nunca has tenido esa idea. Encontrarse ante tal tentación no sería un pecado, pero unirse al amigo o desear cometer el robo sí lo sería.

Las tentaciones internas son aquellas que surgen de nuestro corazón y nuestra mente y no requieren ningún estímulo externo, aunque a veces una tentación interna aparece en respuesta a una experiencia con el mundo exterior. Por ejemplo, un hombre casado puede ver a una mujer hermosa que no es su esposa y reconocer su belleza. Tal reconocimiento no es en sí pecaminoso. Sin embargo, el corazón y la mente del hombre podrían quedar absortos en ese reconocimiento y llegar a desear intimidad sexual con la mujer, incluso si nunca hace nada al respecto. En ese momento, el reconocimiento de la belleza se ha transformado en una tentación sexual interna y en un deseo sexual interno, que es pecaminoso porque es el deseo de cometer adulterio.

Los seres humanos deben vivir según los deseos piadosos modelados por la Escritura y buscar la renovación de su mente mediante la Palabra de Dios, de modo que puedan generar pensamientos y deseos piadosos y oponerse a los pensamientos y deseos impíos (Ro 6:13-16; 12:1-2). Permitir que cualquier deseo pecaminoso, incluido el deseo homosexual, se exprese en actos físicos es una violación más grave de la ley de Dios que dejar que ese deseo permanezca interno. Ceder a la tentación en lugar de resistirla y rechazarla, incluso si ceder solo significa fomentar o alimentar un deseo interno de pecado, es una transgresión de la ley de Dios, pero materializar esa atracción y llevar a cabo un acto sexual de cualquier tipo con otra persona del mismo sexo agrava nuestra culpa.

¿Cuál es la diferencia entre disforia de género y transgenerismo?

La *disforia de género* describe la sensación de malestar y angustia que resulta de una incongruencia entre el sexo biológico de una persona y el concepto mental que tiene de su género (comúnmente conocido como *identidad de género*). El término *transgénero* suele describir a quienes deciden vivir de una manera que no se corresponde con su sexo biológico. Al interactuar con las personas, es importante reconocer la diferencia entre disforia de género y transgenerismo, pues no todos los que experimentan la disforia de género adoptan un estilo de vida transgénero.

En ocasiones, la disforia de género implica el deseo de ser del otro sexo, adquirir las características del otro sexo o ser tratado como el otro sexo. Por lo tanto, la disforia de género está en el ámbito de los deseos y las preferencias de una persona, pero no se traduce necesariamente en acciones para identificarse o intentar ser de otro género.

Por otro lado, el transgenerismo implica más a menudo que una persona decida vivir como hombre a pesar de haber nacido mujer o como mujer a pesar de haber nacido hombre. Los individuos transgénero pueden experimentar o no disforia de género. Esta elección voluntaria de vivir según un género diferente al de su sexo biológico puede dar lugar a esfuerzos de «afirmación de género» como cambiarse el nombre y el uso de otros pronombres, recibir tratamiento hormonal o someterse a una cirugía para tratar de «crear» o extirpar órganos sexuales.

El transgenerismo puede ser difícil de definir, pues sus defensores a veces argumentan que la expresión de género de una persona (la manifestación externa de su género) no tiene por qué coincidir con su identidad de género (concepto mental o sentimiento subjetivo interno de una persona sobre su género). Además, las personas transgénero pueden no identificarse con ningún género, pueden afirmar ser de un género distinto al masculino o el femenino, o pueden combinar elementos de masculinidad y feminidad. Estas personas suelen denominarse *no binarias* o *cuirgénero* (*genderqueer*).

En medio de esta confusión, la forma más sencilla de distinguir entre la disforia de género y el transgenerismo es señalar que la disforia de género se relaciona con *los deseos y los sentimientos* que una persona experimenta, pero que no necesariamente lleva a la práctica, mientras que el transgenerismo culmina en *acciones y comportamientos* que la persona adopta para apartarse de su sexo biológico o rechazarlo. A modo de comparación, podríamos decir que quienes experimentan disforia de género son, en algunos sentidos, similares a quienes experimentan la atracción por personas del mismo sexo, mientras que quienes adoptan el transgenerismo son, en algunos sentidos, similares a quienes adoptan la homosexualidad como identidad y también en sus acciones. Las personas transgénero que aceptan el evangelio y confían en Cristo deben «despojarse» de las acciones, los comportamientos y los deseos asociados con una forma de vivir que es inconsistente con su sexo biológico. A quienes han venido a Cristo se les ordena que: «En cuanto a la *anterior manera de vivir*, ustedes se despojen del *viejo hombre*, que se corrompe según los *deseos engañosos*, y que sean *renovados en el espíritu de su mente*, y se vistan del *nuevo hombre*, el cual, en la semejanza de Dios, ha sido creado en la *justicia y santidad de la verdad*» (Ef 4:22-24, énfasis añadido).

Los creyentes que experimentan la disforia de género pueden seguir teniéndola o no en alguna medida; no obstante, les es posible continuar creciendo en la semejanza

"

Y SE VISTAN DEL NUEVO HOMBRE, EL CUAL, EN LA SEMEJANZA DE DIOS, HA SIDO CREADO EN LA JUSTICIA Y SANTIDAD DE LA VERDAD.

EFESIOS 4:24

de Cristo para la gloria de Dios y el bien de su prójimo, y confiar en el Espíritu Santo para mortificar los deseos pecaminosos persistentes. Todos los creyentes debemos luchar contra los diversos tipos de deseos pecaminosos que surgen en nuestro interior, y los cristianos que luchan contra la disforia de género también lo harán cuando «consideren los miembros de su cuerpo terrenal como muertos a la fornicación, la impureza, las pasiones, los malos deseos y la avaricia, que es idolatría» (Col 3:5).

¿Es adecuado identificarse como un «cristiano gay»?

No, los creyentes no deben identificarse como «cristianos gais», pues el término *gay* no es neutral en nuestra cultura. Aunque algunos pueden ver la palabra *gay* como una forma breve de referirse a quienes experimentan atracción por personas del mismo sexo, el término no es simplemente descriptivo, sino que a menudo indica la afirmación de deseos y prácticas pecaminosas. Además, y más importante aún, es inapropiado que los cristianos coloquen una señal de una identidad pecaminosa junto a su nueva identidad en Cristo, como si esa señal los definiera tanto como los define el estar en Cristo (1 Co 6:11). A fin de cuentas, los cristianos somos nuevas creaciones en Cristo (2 Co 5:17), y definirnos por nuestros deseos pecaminosos pone en entredicho la realidad de que hemos sido creados de nuevo para la santidad en Cristo. También implicaría que Cristo aprueba el pecado, y eso es imposible (ver Gá 2:17). Por lo tanto, los cristianos no deben utilizar términos como «cristiano gay» para describirse a sí mismos, pues al hacerlo dan falso testimonio de Cristo y de Su obra. Ningún acto de pecado ni deseo por el pecado es fundamental para la identidad del cristiano.

¿Es el pecado homosexual peor que otros pecados?

Sí. El pecado homosexual es contrario al propósito fundamental de Dios en la creación y es, por lo tanto, peor que muchos otros pecados. Algunos cristianos creen que todos los pecados son iguales, pero no es así. La Escritura enseña que todo pecado es digno de condenación, pero que algunos dan lugar a un juicio de Dios más severo debido a

"

POR ESTA RAZÓN DIOS LOS ENTREGÓ A PASIONES DEGRADANTES; PORQUE SUS MUJERES CAMBIARON LA FUNCIÓN NATURAL POR LA QUE ES CONTRA LA NATURALEZA.

DE LA MISMA
MANERA TAMBIÉN
LOS HOMBRES,
ABANDONANDO
EL USO NATURAL
DE LA MUJER [...]
RECIBIENDO EN SÍ
MISMOS EL CASTIGO
CORRESPONDIENTE
A SU EXTRAVÍO.

ROMANOS 1:26-27

"

varios factores. En una de Sus parábolas, Jesús manifiesta que cuando los siervos no hacen la voluntad del amo, el siervo que conoce su voluntad y no la cumple recibe un castigo más duro que quien no la conocía (Lc 12:41-48). Ambos son castigados, pero uno recibe un castigo más severo. Jesús afirma en Juan 19:11 que los hombres que entregaron a Jesús a Poncio Pilato tienen «mayor pecado» que el propio Pilato.

El pecado homosexual es particularmente grave debido a que pervierte el diseño de Dios para la creación. Es más escandaloso que otros pecados porque se desvía del plan para Su creación y de las normas para el sexo. La homosexualidad, ya sea entre hombres o entre mujeres, constituye uno de los niveles más profundos de depravación, degeneración y rebelión. En Romanos 1, el apóstol Pablo muestra cómo Dios entregó a la humanidad a una depravación mayor por haber restringido la verdad (v. 18), por su ingratitud (v. 21) y por su idolatría (v. 23). La depravación mayor y más atroz a la que Dios entregó a la humanidad es la *homosexualidad*. Pablo expresa: «Por esta razón Dios los entregó a pasiones degradantes; porque sus mujeres cambiaron la función natural por la que es contra la naturaleza. De la misma manera también los hombres, abandonando el uso natural de la mujer, se encendieron en su lujuria unos con otros, cometiendo hechos vergonzosos hombres con hombres, y recibiendo en sí mismos el castigo correspondiente a su extravío» (vv. 26-27). La homosexualidad se describe aquí como *degradante*, *contraria a la naturaleza*, *abrasadora en su lujuria*, *vergonzosa*, *punible* y *errónea*; se describe en términos tan duros porque es particularmente desobediente a Dios y contraria al orden natural de las cosas. En cambio, el pecado heterosexual, aunque también es malo, no es contrario a la naturaleza. La homosexualidad niega la realidad de que el hombre está hecho para la mujer y la mujer para el hombre. Es una grave negación del orden natural que Dios ha creado y constituye un desprecio flagrante de Dios y de Sus propósitos respecto al sexo.

Sin embargo, debemos recordar que, aunque el pecado homosexual es un pecado grave, no es el pecado imperdonable (Lc 12:10). Todos los que se vuelven a Cristo con verdadera fe y arrepentimiento serán perdonados, sin importar el pecado que hayan cometido. Pecadores de todo tipo, incluidos los que han cometido el pecado homosexual, han encontrado el perdón en Cristo.

¿Pueden los cristianos que se sienten atraídos hacia personas del mismo sexo esperar que sus deseos cambien a medida que crecen en su santificación?

Sí, los cristianos que se sienten atraídos por personas del mismo sexo pueden esperar que sus deseos cambien a medida que crecen en su santificación, aunque el grado y el ritmo del cambio no serán necesariamente iguales en todos ellos. La Palabra de Dios contiene esta gran promesa para todos los creyentes: «Pero todos nosotros, con el rostro descubierto, contemplando como en un espejo la gloria del Señor, estamos siendo transformados en la misma imagen de gloria en gloria, como por el Señor, el Espíritu» (2 Co 3:18). Este pasaje nos enseña que, a medida que crecemos en la gracia y el conocimiento de nuestro Señor Jesucristo en el transcurso de nuestra vida, más nos parecemos a Él. Por lo tanto, los cristianos que sienten atracción hacia personas del mismo sexo pueden esperar que todos sus deseos cambien con el tiempo.

Todos los creyentes, incluidos los cristianos que se sienten atraídos por personas del mismo sexo, pueden esperar que sus deseos cambien a medida que crecen en su semejanza a Cristo. Por ejemplo, pueden llegar a sentir un mayor amor por Dios y un mayor amor por su prójimo. Pueden esperar odiar su pecado cada vez más. Pueden crecer en la pureza del corazón y la mente y en la resistencia a la tentación (2 P 3:18). Pueden mostrar cada vez más el fruto del Espíritu (Gá 5:22-23) y utilizar sus dones espirituales para la edificación de la iglesia. En resumen, pueden llegar a ser hombres y mujeres maduros y piadosos que guíen a otros en la fe y den testimonio al mundo.

Sin embargo, tal crecimiento en la gracia no garantiza que todos los cristianos que sienten esa atracción lleguen a un punto en el que ya no experimenten en absoluto esos deseos. Conocer esto puede ayudarlos a no albergar una falsa expectativa de erradicación total de esa atracción en esta vida, expectativa que puede dar lugar a una vergüenza excesiva cuando sinceramente buscan vivir para Dios y notan que la atracción que sentían no ha desaparecido

"

PERO TODOS

NOSOTROS,

CON EL ROSTRO

DESCUBIERTO,

CONTEMPLANDO

COMO EN UN

ESPEJO LA GLORIA

DEL SEÑOR,

ESTAMOS SIENDO TRANSFORMADOS EN LA MISMA IMAGEN DE GLORIA EN GLORIA, COMO POR EL SEÑOR, EL ESPÍRITU.

2 CORINTIOS 3:18

"

por completo o no se ha transferido al sexo opuesto en la medida que esperaban. El camino de la santificación es el mismo y a la vez diferente para cada creyente. Es el mismo en el sentido de que vamos tras la misma meta y dependemos del mismo Espíritu, y es diferente porque no todos los cristianos experimentan el cambio de la misma manera ni al mismo ritmo. Así sucede con cada pecado y no solo con la atracción por el mismo sexo. Por lo tanto, nuestro objetivo debe ser mortificar todos los deseos pecaminosos (Ro 8:13; Col 3:5). Sin embargo, comprendemos que no será hasta que el Señor Jesús regrese que todos nuestros deseos pecaminosos morirán (Ro 7:14-25).

Los cristianos que se sienten atraídos por personas del mismo sexo necesitan el aliento de otros hermanos en Cristo, sobre todo cuando esa atracción antinatural no desaparece fácilmente. Dar muerte al pecado es difícil, pero el Señor obra en nosotros «tanto el querer como el hacer, para Su buena intención» (Fil 2:12-13). Dios ha llamado a todos los cristianos a glorificarlo y a demostrar la suficiencia de Su Hijo en la vida mediante la mortificación de los deseos, la búsqueda de la justicia y la confianza en Él para alcanzar ese resultado. Además, Dios promete grandes recompensas eternas a aquellos que se aferran a Él y viven para honrarlo. La esperanza de ellos, y la nuestra, es que un día serán plenamente restaurados en cuerpos glorificados en los nuevos cielos y la nueva tierra (Ro 8:20-24; 2 P 3:13). Por toda la eternidad, vivirán con un gozo inefable y tendrán afectos y deseos perfectamente ordenados mientras glorifican a Dios y gozan de Él para siempre.

¿Cómo se manifiesta el arrepentimiento en una persona transgénero?

Transgénero es un término un tanto general, pero a grandes rasgos significa expresar una identidad de género, un sentido interno de masculinidad o feminidad, diferente del sexo biológico. Puede ser que un hombre biológico afirme ser mujer o que una mujer biológica diga que no tiene género. Dado que las personas transgénero siguen siendo seres humanos, la mayoría de los aspectos del arrepentimiento para ellas serán iguales que para las demás personas. El arrepentimiento implica sentir un verdadero dolor por el pecado, apartarse de ese pecado y acercarse a Cristo en fe, y también una determinación sincera de caminar en obediencia a Dios. La naturaleza específica del transgenerismo requiere que el arrepentimiento de la persona incluya tratar de vivir según su sexo biológico, lo que significa dejar de pretender ser o de actuar como otra cosa que no sea su sexo biológico. Por ejemplo, si alguien nació mujer, no debe pretender ser hombre, ni vestir ropa masculina, ni referirse a sí misma con pronombres masculinos, etc. En el caso de las personas transgénero que se han sometido a una cirugía de afirmación de género, tal vez no sea posible la detransición quirúrgica, por razones económicas o médicas. No obstante, otras opciones, incluido el ajuste del tratamiento hormonal, pueden ser posibles.

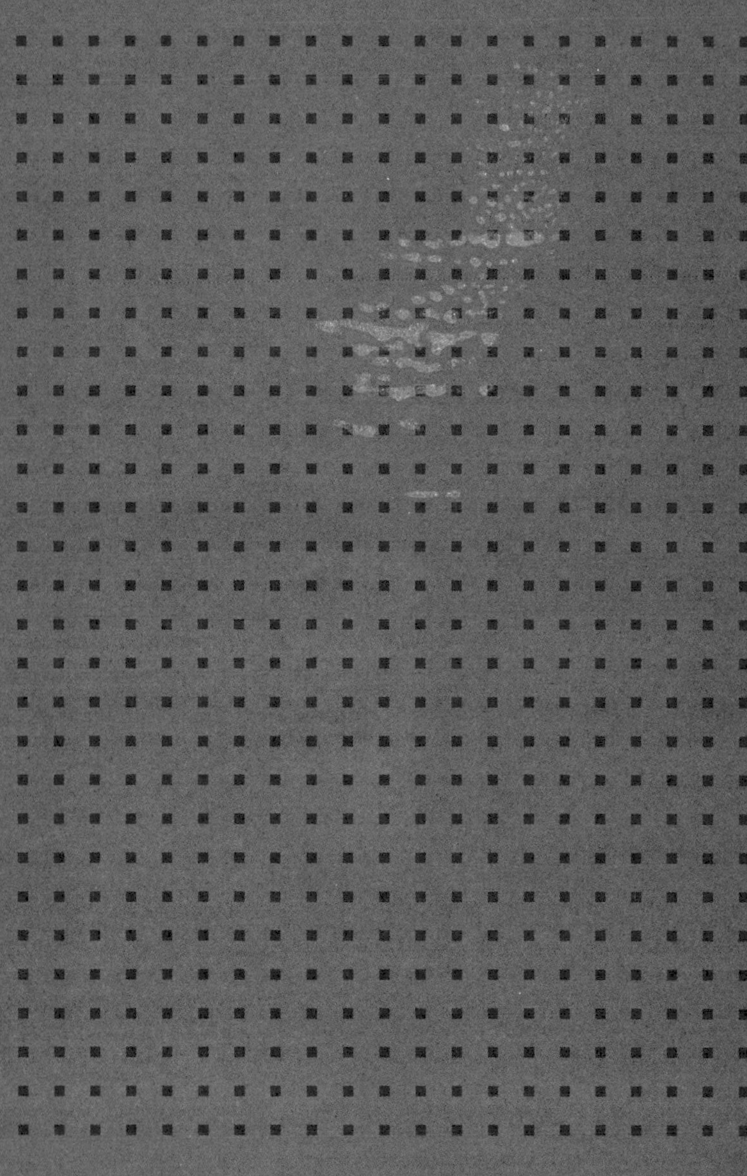

III.

EVENTOS Y RELACIONES

■ ■ ■

LOS CRISTIANOS TIENEN relaciones con todo tipo de personas y reciben invitaciones para asistir y participar en diversos tipos de eventos. En esta parte damos respuesta a preguntas sobre cómo podríamos tomar decisiones respecto a nuestra participación en esas actividades mientras nos esforzamos por permanecer en el mundo sin ser del mundo (Jn 17:14-15).

EVENTOS Y RELACIONES

RESPUESTA A LAS PREGUNTAS

¿Puedo asistir a una boda entre personas del mismo sexo?

No, un cristiano no puede asistir a una boda entre personas del mismo sexo; hacerlo significa participar en una estéril obra de las tinieblas, pues por su propia naturaleza aprueba y celebra lo que está en contra de la ley de Dios. Los cristianos no deben participar en tales actos impíos, sino denunciarlos como pecado y tinieblas (Ef 5:5-14). En segundo lugar, ya sea que expresemos o no nuestra discrepancia con la relación que se celebra en la ceremonia, nuestra presencia en una boda indica que aprobamos la relación. Los cristianos no pueden aprobar dicha relación, ni tampoco dar una impresión de consentimiento, porque el matrimonio fue instituido por Dios como la unión de un hombre y una mujer (Gn 2:18-25). Por lo tanto, nuestra presencia allí puede llevar a otros por mal camino.

La ceremonia nupcial tiene varias funciones, entre ellas el reconocimiento oficial de la legitimidad de la unión matrimonial, la celebración de esta unión y la reunión de los testigos que exhortarán a la pareja a permanecer fieles el uno al otro, y a sus votos matrimoniales, hasta que la muerte los separe. Estas funciones se manifiestan en el carácter público de la ceremonia y en el llamamiento que se hace a los asistentes para que expresen cualquier objeción al matrimonio. Toda persona que asiste a una ceremonia nupcial participa en un acto público que declara legítima la relación, celebra la unión matrimonial y convierte a los asistentes en testigos comprometidos en exigirle a la pareja que cumpla sus votos. Por lo tanto, una ceremonia nupcial no se parece a otras celebraciones especiales, como una fiesta de graduación o una fiesta de cumpleaños. Una boda es un acto religioso para los cristianos, incluso en un entorno laico, como ante un juez, porque sabemos que Dios creó el matrimonio como un buen don para los seres humanos, y no podemos dejar de celebrar tanto el don como a su Dador.

Debido al significado que tiene el matrimonio y lo que es una boda, los cristianos no pueden asistir a ninguna ceremonia nupcial que no tenga por objeto la unión legítima de un hombre y una mujer. Por lo tanto, hay varios tipos de ceremonias nupciales, incluidas las bodas entre personas del mismo sexo, en las que un creyente no debe participar. Aunque el cristiano le manifieste a la pareja que no apoya ese matrimonio, su presencia allí es un acto de aprobación de la unión, sobre todo si no pone objeciones durante la ceremonia, y así lo interpretarán los demás asistentes. Dado que el «matrimonio homosexual» es, en última instancia, algo ficticio y una grave negación del orden natural que Dios ha establecido, la boda no puede validar realmente el matrimonio como legítimo, por lo que la ceremonia carece de sentido, además de ser una burla al Señor y a Su ley. Los cristianos no pueden responsabilizar a una pareja homosexual de permanecer fieles el uno al otro porque la

"

NO PARTICIPEN EN
LAS OBRAS ESTÉRILES
DE LAS TINIEBLAS,
SINO MÁS BIEN,
DESENMASCÁRENLAS.

EFESIOS 5:11

homosexualidad es pecado, la relación en sí es pecaminosa y nunca debería haberse celebrado.

Los cristianos no pueden asistir a una boda homosexual ni poner su talento al servicio de la celebración de esa unión. Eso significa que los reposteros cristianos no pueden hacer un pastel para ese tipo de bodas, ni los floristas cristianos pueden hacer arreglos florales, ni los artistas cristianos pueden diseñar invitaciones de boda con ese fin, etc. Los cristianos no pueden participar en las obras estériles de las tinieblas (Ef 5:11), y una boda de ese tipo es una obra de las tinieblas, pues presenta una relación prohibida como algo que debe celebrarse.

¿Puedo asistir a una boda entre personas no cristianas? ¿Y a la de una persona cristiana con un no cristiano? ¿Puedo asistir a la boda de personas que cohabitan? ¿Y a la de alguien que ha tenido un divorcio no bíblico?

Que un cristiano pueda asistir o no a una boda depende de la naturaleza de esta. En pocas palabras, asistir a una boda indica que quien asiste aprueba la unión. Significa que, en su criterio, la unión es algo bueno y no hay razón para objetar que el matrimonio siga adelante.

El matrimonio es una ordenanza de la creación, y Dios la dio a toda la humanidad cuando hizo el mundo (Gn 2:24). Es para toda la humanidad, no solo para los cristianos. Es lícito que se casen todo tipo de personas, siempre que la unión sea entre un hombre y una mujer. Por lo tanto, no hay razón para oponerse a que los no cristianos se casen entre sí. Un cristiano puede asistir libremente a una boda de este tipo.

La situación es diferente en una boda entre un cristiano y una persona no cristiana. Dios solo permite que los cristianos se casen con otros cristianos (1 Co 7:39), por lo que es contrario a la ley que un cristiano se case con un no cristiano. Por lo tanto, debemos evitar dar nuestra aprobación tácita a esa unión al asistir a la boda. Esto puede ser más difícil cuando el cristiano es un miembro de la familia. A pesar de eso, siempre podemos amar y cuidar a un hermano creyente sin aprobar su matrimonio no bíblico con un no cristiano. Además, los cristianos no deben salir con personas no cristianas ni cortejarlas, pues tales relaciones conducen eventualmente al matrimonio, y, mientras tanto, pueden ponerlos en una situación que podría llevarlos a pecar.

Las personas que cohabitan están claramente en una situación de pecado. Si el hombre y la mujer son cristianos profesos y miembros de una congregación, la iglesia y el pastor que la lidera deben ser los primeros en llamarlos al arrepentimiento. Sin embargo, es mejor que se casen a que continúen en ese pecado. Lo ideal sería que se separaran antes de la boda, pero no hacerlo no convierte la unión en ilegítima. El matrimonio sigue siendo entre un hombre y una mujer y, por lo tanto, completamente diferente de una boda LGTBI.

Determinar si alguien ha tenido un divorcio no bíblico no depende enteramente del criterio del cristiano individual. Es competencia de la iglesia determinar quién es la parte inocente en un divorcio. Si la iglesia juzga que alguien es la parte inocente, esa persona es libre de volver a casarse, y un cristiano puede asistir libremente a la boda. Si la iglesia ha determinado que la persona no es inocente, entonces el cristiano no debe asistir a la boda, pues es ilegítima y no debe seguir adelante. Si no se ha tomado ninguna determinación, entonces es un asunto de conciencia. Si un cristiano no puede asistir a la boda con la conciencia tranquila, entonces no debe asistir.

¿No sería un acto de amor asistir a una boda, aunque no estemos de acuerdo con el estilo de vida de los participantes?

No. Asistir a ese tipo de boda, aunque no estemos de acuerdo con el estilo de vida de los participantes, no es un acto de amor, porque el amor siempre está arraigado en la verdad.

Efesios 4:15 señala que debemos caracterizarnos por «hablar la verdad en amor». A menudo pensamos que esto significa que siempre debemos hablar palabras de gracia, y sin duda eso es necesario (Col 4:6). Sin embargo, la gracia al expresarnos no es todo lo que significa hablar la verdad en amor. Decir la verdad en amor requiere que digamos la verdad como Dios la define y que ejerzamos el amor como Dios lo define. No debemos ser crueles al expresar verbalmente nuestro desacuerdo, según la Biblia, con el estilo de vida de una persona. Siempre debemos explicarle que Dios la perdonará si confía solo en Cristo y se aparta de su pecado. No obstante, el acto amoroso no es aprobar verbalmente el pecado. En realidad, es muy poco amoroso manifestar tal aprobación, pues sabemos que los pecados impenitentes de muchos tipos, incluido el pecado sexual, impedirán la entrada de la persona en el reino de Dios (1 Co 6:9-10). Es necesario saber que la impenitencia constante es el camino al infierno. Nada puede ser un mayor acto de amor que advertirles a las personas del juicio eterno y exhortarlas a escapar de él por la fe en Cristo.

Además, no solo nos comunicamos con palabras, sino también con acciones. Podemos expresarle a una pareja repetidas veces que no estamos de acuerdo con su estilo de vida pecaminoso, pero al asistir a su boda le damos a entender que aprobamos su matrimonio o, al menos, que nuestra preocupación al respecto no es muy seria. Los demás asistentes también lo percibirán como una muestra de aprobación, a menos que manifestemos ante todos ellos el desacuerdo con ese estilo de vida. Incluso entonces, nuestras convicciones quedarán en entredicho por nuestra

"

¿O NO SABEN QUE LOS INJUSTOS NO HEREDARÁN EL REINO DE DIOS?

1 CORINTIOS 6:9

asistencia, que será confusa para los presentes y perjudicial para comunicar la verdad de que ese estilo de vida es condenable. Es más amoroso expresarnos con claridad y coherencia que dejar lugar a dudas sobre la aversión que siente Dios por un pecado concreto y poner en entredicho el fundamento y la firmeza de nuestras convicciones. El mayor amor que podemos expresar en una situación así es no asistir a la boda. No tenemos que rechazar la invitación con excesiva dureza; sin embargo, para expresar de forma clara la verdad y el amor auténtico es necesario no asistir ni a la ceremonia ni a la recepción.

¿Es adecuado referirnos a las personas con los pronombres que prefieren?

No, un cristiano no debe usar intencionalmente los pronombres preferidos de una persona si no reflejan el sexo biológico de ella.

El fenómeno de los pronombres preferidos es relativamente nuevo, aunque no ha surgido de la nada. En los últimos siglos, se ha producido un cambio ideológico en la cultura occidental respecto a la forma en que comprendemos nuestra identidad. La cultura ha llegado a considerar que los sentimientos son determinantes y ahora estima que nuestro cuerpo es casi irrelevante para nuestra identidad. De modo significativo, lo que *sentimos* que somos tiene ahora prioridad sobre lo que somos objetivamente. Los sentimientos son más importantes que la realidad. Lo que la mente de una persona dicta respecto a quién o qué es prevalece sobre lo que es en realidad. Esto ha dado lugar a la tendencia de adoptar pronombres que no coinciden con el sexo biológico tan solo porque la persona *se siente* diferente de su cuerpo. Al mismo tiempo, ha surgido la expectativa de que los demás deben apreciar y respetar esos pronombres independientemente de si reflejan la realidad o no.

Las palabras tienen significado y con ellas se puede transmitir la verdad o la mentira. No es posible defender la verdad cuando el lenguaje y las palabras se desvinculan de la realidad. El uso de pronombres contrarios al sexo biológico no es una simple cuestión trivial de palabras vacías. A menudo, la exigencia del uso de los pronombres preferidos se promueve como algo cariñoso y una muestra de empatía. Se piensa que, como las palabras no nos hacen daño, ¿por qué no podemos referirnos a un hombre como «ella» y a una mujer como «él» si eso es lo que prefieren? A primera vista, puede parecer un razonamiento sensato. Sin embargo, detrás de la exigencia de utilizar cierto lenguaje se encuentra una exigencia mayor, la de poner en entredicho la verdad y la realidad: la verdad y la realidad que pertenecen a Dios. Por amor a Dios y a los demás, un cristiano no puede afirmar con la conciencia tranquila la ideología de que nuestros cuerpos son de alguna manera distintos de lo que realmente somos como portadores de Su imagen. Dios creó a la humanidad hombre y mujer. Ser humanos es estar hechos a imagen de Dios con un alma y un cuerpo físicamente diferenciado por su sexo. No podemos negar implícita ni explícitamente cómo Dios ha creado a los seres humanos y lo que significa estar hechos a Su imagen.

Aunque los nombres propios en español (p. ej.: Pedro, Juan, María, Elena) tienden a estar claramente marcados por el género, existen algunos nombres que pueden ser más arbitrarios (p. ej.: Ariel, Cameron, Francis, Morgan). Los cristianos deben actuar con sabiduría y discernimiento cuando las personas piden que se las llame por un nombre que puede parecer incoherente con su sexo biológico. Sin embargo, los pronombres son específicos del sexo, así que usar con toda intención pronombres que obviamente no reflejan el sexo biológico del individuo requiere adoptar una visión de la humanidad que es contraria a la visión bíblica. Además, expresar mentiras con nuestras acciones y palabras nunca es genuinamente amoroso ni compasivo. El verdadero amor declara la verdad, y utilizar deliberadamente pronombres inexactos nunca es veraz y, por lo tanto, nunca es un acto de amor.

¿Cómo podemos saber si algo es un asunto de conciencia o una clara enseñanza que aparece en la Escritura?

Se considera que algo es un asunto de conciencia cuando la Biblia no lo prohíbe explícitamente y tampoco está prohibido implícitamente según las deducciones buenas y necesarias que se hacen de la Escritura. La pregunta de cuándo tenemos la libertad de actuar según nuestra conciencia es relevante cuando tratamos temas contemporáneos como las bodas entre personas del mismo sexo, los cuales, según el criterio de algunos, no se prohíben en la Escritura y, por lo tanto, es permisible que los cristianos asistan a ellas.

En ocasiones, los cristianos discrepan entre sí respecto a lo que es permisible (Ro 14:1 – 15:7). El desacuerdo puede deberse a un asunto de conciencia, lo que significa que el acto en cuestión puede ser aceptable o no según la perspectiva de cada cual. El desacuerdo también puede ser sobre una enseñanza clara de la Escritura, lo que significa que esa enseñanza se aplica a todos los cristianos. En otras palabras, algunas cosas son intrínsecamente malas y todos los creyentes deben evitarlas, mientras que otras pueden ser malas desde el punto de vista de una persona, pero permisibles para otra.

Pablo abordó este problema en Romanos 14 y 1 Corintios 8 – 10, donde utilizó el ejemplo de la carne sacrificada a los ídolos. La mayoría de las personas que vivían en el Imperio romano del primer siglo eran paganas y ofrecían sacrificios a dioses paganos. A menudo, la carne sobrante de esos sacrificios se vendía en el mercado como alimento. Algunos cristianos pensaban que estaba mal comer esa carne por su asociación con el culto pagano, pero otros consideraban que era aceptable comerla. Esto provocó muchos desacuerdos en la iglesia.

Pablo señaló que la carne en sí no era inmunda tan solo por ser un sobrante de un ritual pagano. Los cristianos podían comerla libremente sin pecar, siempre que estuvieran convencidos de que no era inmunda por naturaleza. Sin embargo, los creyentes que pensaban que era inmunda, debido a la asociación con el paganismo, no podían comerla sin pecar, pues estarían quebrantando a propósito lo que pensaban que era la ley de Dios. Podían estar equivocados en cuanto a que la carne era inmunda, pero una vez que pensaban que lo era, comerla sería mostrar una actitud de rechazo a la ley de Dios. Esa actitud era el pecado, no el consumo de la carne en sí. En un entorno no cristiano, Pablo orientó a los cristianos que no comieran la carne cuando el anfitrión de una comida les dijera que había sobrado de un sacrificio pagano, probablemente porque comerla podría inducir a los no cristianos a pensar que el culto pagano no era ofensivo para Dios. Por último, Pablo señaló que no podían comer la carne si hacerlo implicaba la participación en una ceremonia religiosa pagana, pues ser parte de esas ceremonias era adoración idolátrica. En la vida del primer siglo, a veces se les pedía a los cristianos que participaran en ellas como parte de los requisitos de la vida social y de sus ocupaciones.

A la luz de las instrucciones de Pablo y de la enseñanza general de la Escritura, podemos discernir algunos principios que nos ayudan a determinar si algo es un asunto de conciencia o si está mal para todos. Primero, cualquier cosa que quebrante un mandamiento explícito de Dios está mal para todos los cristianos. Un cristiano nunca puede robar porque Dios ordena: «No hurtarás» (Éx 20:15). En segundo lugar, cualquier cosa que infrinja una inferencia necesaria de un mandamiento explícito está mal para todos los cristianos. Un cristiano nunca puede ver pornografía, y concluimos esto como una deducción de lo que Él ha manifestado explícitamente, pues Dios ordena: «No cometerás adulterio» (Éx 20:14), y Jesús afirma que las miradas lujuriosas constituyen adulterio (Mt 5:27-30). La pornografía incita a la lujuria y, por tanto, está prohibida para todos los cristianos.

Si algo no transgrede un mandamiento explícito de

Dios ni una deducción implícita de un mandamiento explícito, entonces es un asunto de conciencia. Consideremos las películas, por ejemplo. Todas las películas pornográficas están prohibidas para los cristianos, aunque otras películas pueden no estarlo. Si alguien piensa que ver películas es una pérdida de tiempo o un pecado, no debería hacerlo, pero si una persona considera que ver películas es una forma legítima de relajarse y disfrutar de los buenos dones de Dios, entonces puede hacerlo. Ninguna de las dos personas debe tratar de imponerle su punto de vista a la otra.

Por último, puede haber situaciones en las que no esté claro si se trata de un asunto de conciencia o de una enseñanza clara de la Palabra de Dios. En tales casos, es prudente que el cristiano no participe, no sea que transgreda involuntariamente un mandamiento. También es importante recordar que Dios nos ha dado pastores y ancianos que en la iglesia local nos ayudan a centrarnos en la Escritura, y brindan sabiduría respecto a casos de conciencia en asuntos que pueden ser difíciles de discernir.

¿Puedo tener amistad con personas homosexuales y transgénero?

La respuesta a esta pregunta es difícil, pues la palabra *amigo* a veces se refiere a alguien que simplemente es poco más que un conocido, aunque también puede referirse a una persona con quien tenemos una relación profunda y duradera.

Los cristianos pueden ser amigos de personas homosexuales y transgénero en el sentido de que podemos y debemos ser amables con ellos. Podemos incluso compartir ciertos intereses, como una afición particular, y ciertas experiencias, como estar empleados en el mismo lugar de trabajo o ser alumnos de una misma clase. Es casi inevitable que en algún momento tengamos que relacionarnos con personas homosexuales y transgénero en un entorno laboral y social. Por ende, llegaremos a conocerlas mejor que a personas completamente extrañas, y podremos ayudarlas de muchas maneras. Este tipo de amistad responde ciertamente al llamado a ser un buen prójimo para todas las personas (Lc 10:25-37) y a hacer el bien a todos según se nos presente la oportunidad (Gá 6:10). Además, a lo largo de la historia cristiana, los creyentes han entablado amistad con pecadores de muy diversa índole para compartir con ellos el evangelio. Pablo y muchos otros misioneros cristianos encontraron en sus viajes todo tipo de estilos de vida pecaminosos, pues su misión era entre los pecadores (1 Co 5:10). También nosotros estamos llamados a predicar el evangelio y a amar a nuestro prójimo como a nosotros mismos mientras buscamos llegar mediante la gracia de Dios a quienes no conocen a Cristo.

Sin embargo, a tenor de la enseñanza bíblica general sobre la amistad, quizás sería mejor expresar que nuestro llamado es a ser un buen prójimo para las personas homosexuales y transgénero. Es necesario obrar con sabiduría a la hora de determinar el nivel adecuado de esa relación de amistad, sobre todo en el caso de los padres cristianos que buscan enseñar a sus hijos la piedad. Según la edad de los niños, puede ser prudente limitar su contacto con determinadas personas. Los cristianos deben ser perspicaces al establecer relaciones de amistad con los no cristianos, y también al ayudar a sus hijos a lograr una comprensión bíblica del pecado y de la relación que tendrán con el mundo.

Si consideramos lo que dice la Escritura sobre la amistad como una relación donde se comparte un vínculo estrecho y duradero basado en una misma cosmovisión y principios morales comunes, entonces los cristianos no pueden ser amigos de personas homosexuales ni transgénero, ni de ningún otro no cristiano. La Escritura describe la verdadera amistad en figuras como David y Jonatán, que se comprometieron a velar por el bienestar espiritual y físico mutuo (1 S 18:1-5). Los no cristianos, incluidos los homosexuales y las personas transgénero, no pueden velar por nuestro bienestar espiritual pues, al no abrazar a Jesús, no saben lo que eso significa. En consecuencia, los verdaderos amigos son los que comparten la fe en el mismo Dios, como Rut y Noemí (Rt 1:6-18). Los homosexuales, las personas transgénero y los demás no cristianos no adoran al único Dios verdadero, por lo tanto, no pueden establecer una amistad estrecha y duradera con los cristianos porque la verdad permanece en nosotros y debemos desenmascarar las obras estériles de las tinieblas (Ef 5:11; 2 Jn 1:2). Un amigo verdadero aceptará nuestra piadosa corrección (Pr 27:6), pero si es alguien que no cree en Jesús, tal corrección caerá en oídos sordos.

"

FIELES SON LAS HERIDAS DEL AMIGO.

PROVERBIOS 27:6

Esto impide tener una amistad profunda y duradera, en el sentido bíblico, con personas homosexuales, transgénero y otros no cristianos.

Los no cristianos, entre ellos los homosexuales y las personas transgénero, en alguna medida tienen o aprueban estilos de vida que los cristianos no pueden imitar ni celebrar (2 Co 6:14; Ef 5:11). Por lo tanto, nuestra amistad con esas personas se ve limitada. Es cierto que a Jesús se lo conocía como «amigo de [...] pecadores» (Mt 11:19), pero solo tenía relaciones estrechas con Sus discípulos. Era amigo de los pecadores en la medida en que no los rehuía por completo y estaba dispuesto a aceptarlos como discípulos y amigos si se arrepentían. Sin embargo, aunque cenaba con ellos, nunca se unía a su pecado ni lo aprobaba. Podemos ser igualmente amistosos con todo tipo de no cristianos, homosexuales y personas transgénero incluidos, pero no podemos tenerlos como verdaderos amigos a menos que se aparten de su pecado y crean en Jesucristo.

¿Cuándo debe un cristiano apartarse de alguien?

El cristiano como individuo debe apartarse de aquellos que irremediablemente lo inciten a pecar o sean un peligro para él, y la iglesia debe desvincularse de los falsos maestros y los pecadores impenitentes que profesan ser cristianos (1 Co 5:9-13).

En la vida, es inevitable tener que decidir con quién nos relacionamos y la profundidad de los vínculos que establecemos. Por lo tanto, los cristianos deben tomar decisiones sobre cómo relacionarse con los no creyentes y con aquellos que profesan creer en Cristo.

La actitud que debemos adoptar respecto a los que no profesan ser cristianos es más clara. La Biblia no nos exige apartarnos por completo del mundo no cristiano ni cortar toda relación con los que no creen en Jesús. Por ejemplo, el mandato de Cristo de que Su iglesia haga discípulos de todas las naciones (Mt 28:18-20) requiere que estemos en contacto con los creyentes y los no creyentes.

En 1 Corintios 5, encontramos principios que nos ayudan a discernir cuándo debemos apartarnos de alguien.

"

EN MI CARTA LES ESCRIBÍ QUE NO ANDUVIERAN EN COMPAÑÍA DE PERSONAS INMORALES. NO ME REFERÍA A LA GENTE INMORAL DE ESTE MUNDO, [...] PORQUE ENTONCES TENDRÍAN USTEDES QUE SALIRSE DEL MUNDO.

1 CORINTIOS 5:9-10

Pablo afirma que, por lo general, los cristianos no deben desvincularse de los no creyentes (vv. 9-10). Por supuesto, puede haber situaciones en las que sería prudente que un cristiano no se asociara con ciertos incrédulos, como cuando al hacerlo se estaría colocando en una posición donde la tentación a algún tipo de pecado podría ser abrumadora. Sin embargo, en la mayoría de los casos, debemos relacionarnos con los no cristianos. Incluso la iglesia como un todo debe tener tales relaciones cuando sea apropiado. Por ejemplo, una buena comunicación con el gobierno local ayuda a la iglesia a extender el ministerio de misericordia a la comunidad.

Por otro lado, la situación es más compleja cuando se trata de relaciones con cristianos profesos. En 1 Corintios 5, Pablo también le exige a la iglesia que expulse a un individuo que tenía una relación sexual con la esposa de su padre. Este hombre era un cristiano profeso, pero tenía una relación incestuosa, cometía un pecado público grave que amenazaba la santidad de la iglesia y ponía en duda su profesión de fe. Por ende, la iglesia debía expulsarlo para evitar que su persistente negativa a arrepentirse llevara a otros por mal camino.

En 1 Corintios 5, Pablo aplica las enseñanzas de Jesús sobre la disciplina eclesiástica a una situación particular. Mateo 18:15-20 registra las instrucciones de nuestro Señor sobre qué hacer con el pecado en la iglesia, y esboza un proceso donde se confronta al pecador con la esperanza de que se arrepienta. El objetivo de esta confrontación es exhortar al pecador a apartarse de su maldad. Si se arrepiente, regresará a su comunión con los demás, pero si se niega reiteradamente a arrepentirse, será para la iglesia «como el gentil y el recaudador de impuestos» (v. 17). En otras palabras, cuando se confronta a un cristiano profeso por un pecado grave en su vida y este se niega una y otra vez a arrepentirse, la iglesia debe tratarlo como a un no cristiano. Esto no significa evitarlo por completo ni suspender todo contacto con él (a menos que la persona sea una seria amenaza para el cuerpo de la iglesia), sino más bien, tratar de evangelizar a la persona y retirarle los privilegios de ser miembro de la iglesia, como la Cena del Señor y la comunión con los demás hermanos en la adoración. En el caso de un maestro de la iglesia que haya cometido un pecado grave o haya enseñado una herejía manifiesta, la iglesia debe reprenderlo públicamente y expulsarlo de la función que ejercía. Luego, si se arrepiente, debe regresar a la comunión en la iglesia (2 Co 2:6-11), aunque no necesariamente a una posición de enseñanza.

Además, cuando una iglesia que predica el evangelio emite un juicio respecto al estado del alma de una persona, debemos confiar en ella, a menos que haya una razón convincente para no hacerlo. Por otro lado, si la iglesia expulsa a alguien, eso no significa necesariamente que cortemos todo contacto con esa persona, sino que la consideremos como alguien que no conoce a Cristo y necesita convertirse mediante la predicación del evangelio (Mt 18:17). El objetivo siempre debe ser recuperar al pecador, pero no en detrimento de la verdad y la santidad.

IV.

EL EVANGELIO Y EL AMOR

■ ■ ■

LOS CRISTIANOS ESTAMOS llamados a compartir el evangelio y amar al prójimo, y debemos hacerlo mientras nos mantenemos firmes en la verdad de la Escritura. Esta parte responde a preguntas sobre cómo rechazar la falsedad y aferrarnos a las cosas de Dios mientras procuramos cumplir la Gran Comisión (Mt 28:18-20; Ro 12:9).

EL EVANGELIO Y EL AMOR

RESPUESTA A LAS PREGUNTAS

He cometido pecados sexuales. ¿Hay esperanza para mí?

Sí. Siempre hay esperanza de restauración y perdón verdaderos para quienes se apartan del pecado y confían en el Señor Jesucristo, incluso para aquellos que han cometido pecado sexual.

Al considerar esta pregunta, debemos reconocer que el pecado sexual tiene consecuencias específicas. El apóstol Pablo afirma: «Todos los demás pecados que un hombre comete están fuera del cuerpo, pero el fornicario peca contra su propio cuerpo» (1 Co 6:18). Los pecados sexuales no

"

SI CONFESAMOS NUESTROS PECADOS, ÉL ES FIEL Y JUSTO PARA PERDONARNOS LOS PECADOS Y PARA LIMPIARNOS DE TODA MALDAD.

1 JUAN 1:9

se olvidan sin dificultad, ni son fáciles de manejar en las relaciones posteriores, pues dejan mayores cicatrices que muchos otros pecados. Es por ello que Pablo exhorta a los cristianos a huir de la inmoralidad sexual (1 Co 6:18).

Al mismo tiempo, la Biblia ofrece un verdadero y pleno perdón en Cristo Jesús para el pecado sexual. Los pecados que hemos cometido contra nuestro propio cuerpo tienen consecuencias duraderas, pero no son pecados imperdonables. El pecado ya no tiene el poder para condenar a las personas que aceptan a Cristo y confían solo en Él para la salvación (Ro 8:1). En el Señor Jesucristo y por medio de Él, Dios nos dio vida «habiéndonos perdonado *todos* los delitos, habiendo cancelado el documento de deuda que consistía en decretos contra nosotros y que nos era adverso, y lo ha quitado de en medio, clavándolo en la cruz» (Col 2:13-14, énfasis añadido). Ya sea que el pecado sexual se cometa antes o después de la conversión a Cristo, el perdón es posible a través de la fe y el arrepentimiento verdaderos. Por lo tanto, independientemente de la gravedad del pecado sexual, Dios no desechará en modo alguno a quien acuda a Él con fe y un corazón contrito. Dios es «fiel y justo para perdonarnos los pecados y para limpiarnos de *toda* maldad» (1 Jn 1:9, énfasis añadido). Dios, en Su pacto de gracia, se ha comprometido a perdonar los pecados de Su pueblo que se confiesa ante Él y busca el perdón.

El verdadero arrepentimiento no significa necesariamente que nunca se volverá a caer en el mismo pecado, pero sí implica odiarlo y la determinación de apartarse de él y caminar en una nueva obediencia. La relación del cristiano con el pecado ha cambiado, pues es consciente de él y se encomienda a la misericordia de Dios en Cristo. Lucha contra el pecado que habita en él, pero también se aflige por esa situación y constantemente se aparta de él y va hacia Dios en busca de perdón y fortaleza. Los que han caído en un pecado grave pueden sufrir consecuencias terrenales y tener cicatrices; no obstante, las cicatrices permanentes las asumió Cristo, quien fue herido por las transgresiones de Su pueblo. Jesucristo promete: «Todo lo que el Padre me da, vendrá a Mí; y al que viene a Mí, de ningún modo lo echaré fuera» (Jn 6:37).

¿Qué es la verdadera «compasión»?

La verdadera compasión la define Dios en Su Palabra y es reflejo de Su carácter. Por lo tanto, para saber cómo es la verdadera compasión, debemos entender lo que la Biblia nos enseña al respecto. La compasión, en lugar de ser una «cosa» o una «cualidad» que Dios casualmente posee, es la naturaleza misma de Dios, y en Él se origina toda la compasión humana. Él es «Padre de misericordias y Dios de toda consolación» (2 Co 1:3), y Su compasión se manifiesta en Su Hijo, Jesucristo.

La compasión se divide en tres partes. Primero hay una manifestación interna en la que nuestro corazón se conmueve al ver la difícil situación de los demás. La respuesta del corazón incluye ser sensible hacia los demás, identificarnos profundamente con su sufrimiento y sentirnos igualmente afectados. Esta parte interna se expresa externamente cuando actuamos para aliviar el sufrimiento con acciones de beneficencia o ayuda, que es la segunda parte de la compasión. Por ende, la compasión es un movimiento interno del corazón que se traduce en acciones externas en favor del prójimo. La tercera parte nos asegura que estamos

"

TODO LO QUE EL PADRE ME DA, VENDRÁ A MÍ; Y AL QUE VIENE A MÍ, DE NINGÚN MODO LO ECHARÉ FUERA.

JUAN 6:37

actuando de una manera verdaderamente piadosa hacia los demás: la compasión bíblica se pone en práctica *de acuerdo con la Palabra y la voluntad de Dios*. Esta última parte es fundamental, pues muchas personas hoy en día malinterpretan la compasión, incluso dentro de la iglesia. Nuestras opiniones personales no son el punto de referencia definitivo de lo que es ni de cómo obra la verdadera compasión; el punto de referencia es Dios. Por lo tanto, aquellos que abogan por el matrimonio homosexual y la «transición» de individuos transgénero, aunque afirman obrar por compasión, en realidad la están desvirtuando, pues actúan en oposición a la Palabra y la voluntad de Dios. Esta «compasión» carnal perjudica en última instancia a quienes pretende ayudar.

Cuando interactuamos con personas que se identifican como LGTBI, la compasión piadosa significa, en primer lugar, que debemos experimentar angustia interna y dolor al ver cómo el pecado ha deformado a personas creadas a imagen de Dios y las ha convertido esencialmente en Sus enemigos, como lo éramos nosotros antes de que Él nos salvara. Antes de entrar en Jerusalén de camino a la cruz, cuando Jesús «se acercó, al ver la ciudad, lloró sobre ella, diciendo: "¡Si tú también hubieras sabido en este día lo que conduce a la paz!"» (Lc 19:41-42). Tener un corazón compasivo también significa afligirnos por la forma en que otras personas han pecado contra quienes se identifican como LGTBI, lo que incluye experiencias de abuso y abandono que han influido en sus propias elecciones pecaminosas.

En nuestras acciones hacia quienes se identifican como LGTBI, la compasión significa no verlos con desprecio ni con un espíritu de superioridad moral, y desear darles un trato digno y amable como portadores de la imagen de Dios. También significa tratar de ser su buen prójimo para que haya cristianos en su vida que sean un reflejo de Cristo (Lc 10:25-37). No obstante, la verdadera compasión significa negarnos a apoyar su engaño satánico y el rechazo que hacen de Dios al afirmar que su estilo de vida es una opción aceptable a los ojos del Señor. Después de llorar por Jerusalén, Jesús entró en la ciudad y expulsó a los cambistas del templo, pues se negó a aceptar la profanación del templo de Dios (Lc 19:45-48). Esto se manifestará de forma diferente en diversos contextos; no obstante, podemos tener oportunidades de compartir lo que creemos al relacionarnos con personas que se identifican como LGTBI.

En nuestras diversas relaciones, al tratar a quienes nos rodean con verdadera compasión y amor bíblicos, nuestro modelo es Jesús. Al igual que la compasión, el amor se define según Dios. El amor bíblico busca lo que es mejor para los demás, de acuerdo con la Palabra y la voluntad de Dios. Es por eso que Jesús estaba lleno de gracia y verdad, pues siempre buscaba lo que era mejor para los demás (la gracia) y al mismo tiempo afirmaba que lo mejor siempre lo define Dios (la verdad). El mundo afirma que «el amor es el amor», sin embargo, Dios nos enseña que el amor «no se regocija de la injusticia, sino que se alegra con la verdad» (1 Co 13:6).

¿Cómo puedo amar a familiares y amigos que se identifican como LGTBI sin traicionar mi fe cristiana?

Siempre debemos expresar la verdad en amor (Ef 4:15), pero amar como es debido en situaciones específicas depende de muchos factores. Cuando se trata de amar a familiares y a amigos que se identifican como LGTBI sin traicionar nuestra fe cristiana, debemos aplicar la sabiduría bíblica para evitar celebrar estilos de vida pecaminosos, poner a otras personas en situaciones que podrían tentarlos a pecar, y engañar a los demás sobre lo que creemos.

Si nos invitan a participar en una actividad de un ser querido, es prudente preguntar sobre el significado del evento y si este celebra la *vida* de la persona o el *estilo de vida* de la persona. Si una actividad celebra el pecado o un estilo de vida pecaminoso, o de alguna manera aprueba el mal y condena lo que es justo, entonces los cristianos no podemos asistir a ella, porque al hacerlo mostraríamos aprobación y estaríamos celebrando el pecado. Por ende, asistir a una boda LGTBI es siempre inaceptable. Lo mismo sucede con eventos tales como la celebración del aniversario de una pareja LGTBI. Por otro lado, si se está celebrando un logro no pecaminoso o un hito en la vida de la persona, como una graduación, un cumpleaños o la jubilación, entonces puede ser aceptable asistir.

Cuando nos esforzamos por cuidar a nuestros seres queridos que se identifican como LGTBI, es sabio preguntarnos si nuestras acciones facilitarán su pecado. Jesús nos advierte que no hagamos nada que pueda tentar a otra persona a pecar (Mt 18:7). Por lo tanto, debemos ser cuidadosos de no poner a los pecadores en situaciones que les faciliten transgredir la ley de Dios. Un ejemplo concreto de esto sería invitar a una pareja homosexual a nuestra casa para cenar o para una estadía prolongada. Reunir a un grupo de personas para una comida no necesariamente incrementa la tentación para pecar; sin embargo, permitir que una pareja comparta la cama en la habitación de invitados sí. De ahí que lo primero podría ser aceptable en la mayoría de los casos, pero lo segundo no.

Por último, al tener en cuenta el contexto general de nuestras relaciones con amigos y familiares que se identifican como LGTBI, es prudente preguntarnos cómo interpretarán otras personas, ajenas a nuestra relación, nuestros actos de amor hacia ellos. Debemos ser cuidadosos con esto, pues Pablo habla de nuestro deber de no hacer tropezar al hermano más débil (Ro 14). En cuanto a las cosas que podemos hacer para mostrar amor a quienes llevan un estilo de vida pecaminoso, algunas pueden ser aceptables en sí mismas, pero pueden ser imprudentes en determinados entornos o si incluyen a ciertas personas. Por ejemplo, asistir a la fiesta de cumpleaños de una persona homosexual puede ser aceptable, pero no sería prudente llevar a un niño allí.

Jesús nos ordena que vayamos un kilómetro más allá (Mt 5:41), así que los cristianos deben estar dispuestos a ir más allá a la hora de mostrar amor a quienes se identifican como LGTBI. No debemos tratarlos como si no tuvieran esperanza de redención, ni con crueldad, ni de ninguna otra manera que pueda ser injusta o abusiva (según la Biblia define estos conceptos). Es mucho lo que podemos hacer y que Dios deja a nuestra discreción para que apliquemos la sabiduría bíblica (Sal 119:11). No obstante, hay líneas que no podemos cruzar, pues no debemos hacer nada que exprese la aprobación del pecado; y mientras nos esforzamos por amar a nuestros familiares, amigos, colegas y conocidos que se identifican como LGTBI, recordemos la provisión que Dios nos da en la iglesia local y busquemos la ayuda de nuestros pastores y ancianos cuando estemos ante situaciones específicas.

¿Cómo debo responder si me acusan de ser prejuicioso e intolerante?

No hay que sorprenderse cuando nos acusan de ser prejuiciosos e intolerantes porque nos aferramos a la verdad cristiana. Nunca debemos disculparnos por decir la verdad ni debemos presentar la verdad de Dios como nuestra opinión, y siempre es necesario recordar que el Señor promete una bendición a aquellos que reciben insultos por Su causa (Mt 5:11).

El mundo odia la verdad, y la odia porque odia a Dios. La humanidad pecadora es esencialmente contraria a Dios y a Su ley, y hará todo lo que pueda para oponerse a Él, incluso arremeter contra Su pueblo. Por tanto, cuando los cristianos proclaman la verdad de Dios, a menudo encuentran oposición. Esto podemos apreciarlo incluso cuando afirmamos que solo hay un camino para salvarse: por medio de la fe en Jesucristo (Jn 14:6). No obstante, los cristianos encuentran una oposición más específica cuando explican las enseñanzas de la Biblia sobre el género y la sexualidad. En la opinión de muchos, expresar que el comportamiento de alguien está mal es lo mismo que condenar a esa persona

"

BIENAVENTURADOS SERÁN CUANDO LOS INSULTEN Y PERSIGAN, Y DIGAN TODO GÉNERO DE MAL CONTRA USTEDES FALSAMENTE, POR CAUSA DE MÍ.

MATEO 5:11

y condenar a las personas está mal. Sin embargo, nosotros no condenamos a los demás; solo Dios puede condenar, y nosotros mismos estaríamos condenados si no fuera por la salvación que tenemos en Jesucristo (Ro 1:18; 8:34). Por lo tanto, debemos estar dispuestos a que nos recriminen por proclamar lo que creemos con verdad y amor (Mt 5:44; Ef 4:15).

Al encontrar oposición, no debemos disculparnos por expresar la verdad. No hacemos nada incorrecto al declarar la verdad de Dios, así que no tenemos de qué disculparnos. Por otro lado, es necesario ser cuidadosos y manifestar la verdad de Dios de una forma respetuosa, que honre al Señor, y no de una manera ofensiva e innecesariamente conflictiva. Si alguien se siente ofendido, debe ser a causa de nuestro mensaje y no por nuestra manera de transmitirlo. Podemos y debemos disculparnos si no hemos actuado con amor al expresar la verdad, pero no debemos disculparnos por declararla.

Es necesario precisar que, cuando declaramos la verdad de Dios, no estamos simplemente exponiendo nuestra opinión personal, y podemos y debemos referirnos a la

Escritura y señalar que solo estamos repitiendo lo que Dios, el Creador, afirma. Debemos dejar claro que sostenemos estas ideas no porque sean nuestras, sino porque Dios las ha revelado.

Por lo tanto, al encontrar oposición, por dolorosa que sea, podemos tener la certeza de que Dios se complace en nuestra fidelidad al glorificarlo con nuestras palabras y acciones, y que seremos bendecidos cuando nos insulten por Su nombre (Mt 5:11-12). Los creyentes deben seguir el ejemplo de Cristo y encomendarse a Dios cuando encuentren oposición por hacer lo que es correcto y agradable a Él. También deben estar preparados para bendecir a quienes los persiguen y orar por ellos (1 Co 4:12; 1 P 2:23; 3:16).

¿Cómo pueden los cristianos servir a sus hermanos en Cristo que experimentan atracción hacia el mismo sexo?

Podemos servir a otros creyentes que experimentan atracción hacia el mismo sexo de diversas maneras. Este ministerio puede variar dependiendo de diferentes factores, entre ellos la intensidad y la frecuencia de la atracción, la actitud del individuo respecto a esa atracción y las circunstancias de su vida. Existen por lo menos seis maneras en que los cristianos pueden amar a los creyentes que experimentan atracción hacia personas del mismo sexo.

En primer lugar, podemos orar por ellos para que no cedan a los deseos de la carne. Esto se puede hacer pidiéndole a Dios que los fortalezca en su determinación de no alimentar, realizar ni identificarse de ninguna manera con tales deseos. Podemos orar para que el Espíritu Santo continúe revelándoles la belleza y la gloria de Jesucristo, para que al contemplarlo se parezcan más a Él (2 Co 3:18). Respecto a los que están casados, podemos orar por la pureza y el honor del matrimonio (He 13:4); y podemos orar por el contentamiento y la satisfacción con Cristo de quienes deciden no casarse.

En segundo lugar, podemos decirles la verdad en amor (Ef 4:15); lo cual implica no minimizar el pecado ni fingir que no lo es, pues tomar el pecado a la ligera nunca es un verdadero acto de amor. Un cristiano fiel y arrepentido querrá escuchar la corrección fiel de un amigo, aunque le sea desagradable. No es amoroso decirle a alguien que sus

"

TENIENDO, PUES, UN GRAN SUMO SACERDOTE QUE TRASCENDIÓ LOS CIELOS, JESÚS, EL HIJO DE DIOS, RETENGAMOS NUESTRA FE. PORQUE NO TENEMOS UN SUMO SACERDOTE QUE NO PUEDA COMPADECERSE DE NUESTRAS FLAQUEZAS,

SINO UNO QUE HA SIDO TENTADO EN TODO COMO NOSOTROS, PERO SIN PECADO. POR TANTO, ACERQUÉMONOS CON CONFIANZA AL TRONO DE LA GRACIA PARA QUE RECIBAMOS MISERICORDIA, Y HALLEMOS GRACIA PARA LA AYUDA OPORTUNA.

HEBREOS 4:14-16

"

deseos están bien mientras no obre según ellos, porque, si bien es pecado cometer actos de injusticia, también lo es desear o sentirse atraído por esos actos. Entonces, referirse a los deseos pecaminosos por su verdadero nombre puede ayudar a los cristianos a perseverar en la batalla contra el pecado. En medio de la lucha contra la tentación, estos recordatorios amorosos pueden fortalecerlos en su empeño por alinear sus deseos con la voluntad revelada de Dios.

En tercer lugar, podemos llevarlos a Cristo. Debemos recordarles el ministerio de intercesión que el Señor Jesucristo ejerce por Su pueblo. Hebreos expresa que Cristo ha llegado a ser «un sumo sacerdote misericordioso y fiel en las cosas que a Dios atañen, para hacer propiciación por los pecados del pueblo. Pues por cuanto Él mismo fue tentado en el sufrimiento, es poderoso para socorrer a los que son tentados» (2:17-18). Además, Jesús puede compadecerse de las flaquezas de Su pueblo: «Teniendo, pues, un gran Sumo Sacerdote que trascendió los cielos, Jesús, el Hijo de Dios, retengamos nuestra fe. Porque no tenemos un Sumo Sacerdote que no pueda compadecerse de nuestras flaquezas, sino Uno que ha sido tentado en todo como nosotros, pero sin pecado. Por tanto, acerquémonos con confianza al trono de la gracia para que recibamos misericordia, y hallemos gracia para la ayuda oportuna» (4:14-16). Como todos los cristianos, los creyentes que experimentan atracción hacia personas del mismo sexo deben acercarse con regularidad al trono de la gracia para recibir ayuda oportuna.

En cuarto lugar, podemos establecer relaciones en las que amemos y acojamos a estos creyentes en nuestra vida y en la vida de las familias de la iglesia. Algunos cristianos que luchan contra la atracción hacia las personas del mismo sexo pueden no casarse ni tener hijos, y, en consecuencia, pueden experimentar un profundo sentimiento de soledad. La iglesia debe servir como una familia espiritual en la que nos edifiquemos y nos cuidemos mutuamente, para evitar así que alguien quede solo en su lucha.

En quinto lugar, podemos recordarnos unos a otros las glorias del cielo que aguardan a quienes se aferran a su confesión y perseveran hasta el final en fe y arrepentimiento. Puesto que en el cielo ya no habrá pecado ni lágrimas, visualizar nuestra esperanza futura puede fortalecer la fidelidad en el presente, mientras mortificamos el pecado y buscamos «la santidad, sin la cual nadie verá al Señor» (He 12:14). Según lo expresa el apóstol Pedro: «Preparen su entendimiento para la acción. Sean sobrios en espíritu, pongan su esperanza completamente en la gracia que se les traerá en la revelación de Jesucristo» (1 P 1:13).

Por último, podemos resaltar la importancia de las disciplinas espirituales y de los medios de gracia. El Señor ha dado a Su pueblo medios con los cuales alimenta su fe. Por tanto, el cristiano que lucha contra sus deseos pecaminosos debe comprometerse a sentarse bajo la predicación de la Palabra, leer la Escritura, observar y participar de los sacramentos, dedicarse a la oración de forma regular y disfrutar de la comunión con los santos. Las luchas internas pueden causar aislamiento, por lo que estos cristianos se verán muy beneficiados si los animamos a mantener el rumbo y a someterse a los medios de gracia de Dios. A través de estos medios, el Espíritu renueva nuestra mente (Ro 12:2), nos conforma a la imagen de Cristo (Ro 8:29) y hace que nuestros afectos por Él reemplacen los deseos pecaminosos.

¿Cómo puedo compartir el evangelio con personas que se identifican como LGTBI?

Compartir el evangelio con personas que se identifican como LGTBI es en muchos sentidos igual que compartirlo con otras personas. Oramos por la intervención de Dios, tratamos de ayudarlas a comprender que su pecado y su rebelión las hacen merecedoras de la ira del Señor y les presentamos a Jesucristo como la única esperanza para la vida eterna y su mayor esperanza en la lucha contra su pecado. La Palabra de Dios hace un diagnóstico de su pecado y proporciona la solución en el evangelio de Jesucristo, al igual que lo hace para todos los demás: «Por cuanto todos pecaron y no alcanzan la gloria de Dios. Todos son justificados gratuitamente por Su gracia por medio de la redención que es en Cristo Jesús» (Ro 3:23-24).

Es necesario recordar que estas personas son portadoras de la imagen de Dios, por lo que hay que tratarlas con respeto, sin insultarlas ni humillarlas. Además, al tratar de compartir el evangelio con alguien que se identifica como LGTBI, debemos orar constantemente. Oremos para que surjan oportunidades de compartir el evangelio y para que el Señor de la cosecha considere oportuno recoger a esa persona (Lc 10:2). Recordemos que todos estamos al alcance de Su mano. Incluso el apóstol Pablo, que persiguió con violencia a la glesia, recibió la salvación por la gracia soberana y el gran poder de Dios (ver Gá 1:13-16).

A veces se piensa que el pecado de las personas LGTBI es único porque llega a afectar la identidad del individuo. La mayoría de las personas no se identifican con su pecado en lo más profundo de su ser, no expresan: «Soy una persona llena de odio» ni «soy una persona lujuriosa», no se apropian de esa identidad tanto como lo hacen quienes se identifican como «una persona gay». Aunque, en cierto sentido, esto podría significar que esos pecadores son un desafío único para la evangelización, la realidad es que nadie aparte de Cristo quiere renunciar a su pecado. Independientemente de que el pecado tome la forma de iniquidad o de soberbia, el pecador se aferrará a él (se identifique con él o no) a menos que o hasta que el Espíritu Santo lo convenza de dejarlo.

Por lo tanto, ser LGTBI no es la cuestión fundamental de la vida de una persona, sin importar cuánto se esfuerce por presentarlo así; la cuestión fundamental es su posición como alguien que está esencialmente en enemistad con Dios y merece Su condenación. Efesios 2:3 expresa que «todos nosotros en otro tiempo vivíamos en las pasiones de nuestra carne, satisfaciendo los deseos de la carne y de la mente, y éramos por naturaleza hijos de ira, lo mismo que los demás». Esta relación rota con Dios no solo es evidente en la vida de las personas, también la apreciamos en todo lo que nos rodea; todos sabemos que algo va mal en el mundo; incluso podemos ver cosas que están mal en nosotros mismos. Por ende, como cristianos, podemos ayudar a quienes se identifican como personas LGTBI a comprender que, en última instancia, la causa de todo lo que está mal es nuestro pecado y nuestra rebelión, independientemente de la forma concreta que adopte. Una vez que se comprende esto, la cruz de Cristo se presenta como la solución que nos reconcilia con Dios, pues hay un Salvador y un camino de salvación para todas las personas, independientemente del tipo de pecado que cometamos, y todos los que confían solo en Cristo para su salvación pueden descansar en la verdad de que «al que no conoció pecado, [Dios] lo hizo pecado

"

AL QUE NO
CONOCIÓ PECADO,
LO HIZO PECADO
POR NOSOTROS,
PARA QUE
FUÉRAMOS HECHOS
JUSTICIA DE DIOS
EN ÉL.

2 CORINTIOS 5:21

por nosotros, para que fuéramos hechos justicia de Dios en Él» (2 Co 5:21).

Finalmente, debes darte cuenta de que, en última instancia, no es tarea tuya salvar a esa persona. Si él o ella está entre los elegidos de Dios, entonces Cristo ha pagado por el pecado de esa persona y la atraerá hacia Sí mediante Su Espíritu, y tal vez tú serás Su instrumento con tu predicación del evangelio. Puede ser doloroso ver que la vida de alguien se aparta de la voluntad revelada de Dios, sobre todo cuando es un ser querido. En tales casos, debemos esforzarnos por dejar claro que nuestras palabras provienen del amor y la preocupación, y recordar que nuestra vocación es ser fieles a Dios y glorificarlo con nuestras palabras y acciones.

Me siento presionado a aceptar o ser partícipe del estilo de vida LGTBI. ¿Qué debo hacer?

Muchos cristianos encontrarán una fuerte presión a aceptar o ser partícipes del estilo de vida LGTBI, y esta presión puede parecer abrumadora. Incluso cuando sabemos que lo correcto es no aceptar ni participar en el pecado sexual, puede ser difícil mantenernos siempre firmes en estas convicciones. Incluso si nunca aceptamos explícitamente el pecado, podemos guardar silencio sobre el tema cuando deberíamos hablar. Sin embargo, Dios no nos ha dejado solos y sin ayuda ante esta presión. He aquí algunas medidas que podemos tomar para resistir la presión cultural de aceptar o participar en el estilo de vida LGTBI.

En primer lugar, asegúrate de tener amigos cristianos firmes y de pertenecer a una buena iglesia donde se afirme y se enseñe la verdad de Dios en materia sexual. Puesto que somos criaturas sociales influenciadas por el entorno, a menos que nos rodeemos de personas que afirmen la verdad bíblica y escuchemos la predicación constante de la Palabra de Dios, nos veremos inclinados a ceder ante la cultura del pecado y la muerte en materia de sexualidad. El buen compañerismo cristiano y la correcta enseñanza ayudarán a fortalecer nuestra determinación, por lo que debemos elegir con sabiduría quiénes serán nuestros amigos y a qué iglesia asistiremos.

En segundo lugar, afiánzate firmemente en la enseñanza bíblica sobre el sexo y el género. Este manual es solo un punto de partida. Estudia los textos bíblicos clave sobre el tema, como Génesis 1 – 2 y 1 Corintios 6 – 7. Siéntate bajo una buena predicación y enseñanza que no tema tratar el asunto del sexo y el género cuando este aparezca en el texto bíblico.

En tercer lugar, sé consciente de cómo los medios de comunicación influyen en nuestra opinión respecto a los temas de la sexualidad. Presta atención a lo que ves, lees y escuchas, y sé consciente de cómo esos mensajes pueden trasmitir una agenda de afirmación LGTBI y socavar la verdad de la Escritura sobre estos temas. Cuando sea necesario, haz ajustes en los medios de comunicación que consumes para que las mentiras de la cultura popular sobre el sexo y el género no influyan de manera indebida en tu mente.

En cuarto lugar, toma la determinación de no hacer concesiones respecto a la verdad, y ora para que el Señor te fortalezca en serle fiel. Pídele a Dios que te ayude a mantenerte firme en tu compromiso con la verdad y confía en que Él te brindará la ayuda necesaria cuando se la pidas en oración.

Por último, anímate. No somos la primera generación que tiene que enfrentarse a la falsedad extendida en la cultura, y no seremos la última, a menos que Jesucristo regrese primero. Jesús preservará Su iglesia, y nosotros tenemos el privilegio de ser esa iglesia y de hacer brillar la luz de la verdad en este mundo oscuro. Dios promete recompensar a los que le son fieles, y aunque suframos hoy por defender la verdad, ese sufrimiento será temporal. En la eternidad, Dios nos elogiará por ser siervos buenos y fieles que defendimos Su verdad (Mt 25:23).

SOBRE MINISTERIOS LIGONIER

Ministerios Ligonier es una organización internacional de discipulado cristiano fundada por el doctor R.C. Sproul en 1971 con el objetivo de proclamar, enseñar y defender la santidad de Dios en toda su plenitud ante el mayor número de personas posible. El doctor Sproul dedicó su vida a facilitar que las personas crecieran en el conocimiento de Dios y Su santidad, y nuestro deseo es apoyar a la iglesia de Jesucristo y ayudar a los cristianos a comprender lo que creen, por qué lo creen, cómo vivir en conformidad con ello y cómo compartirlo. Si deseas saber más sobre Ligonier y encontrar más recursos como este, visita es.Ligonier.org.